AF224247

DÉCLARATION

A

MES COMMETTANS.

P A R J. CH. BAILLEUL,

Représentant du peuple, membre du conseil des Cinq-cents, député au Corps législatif par le département de la Seine-Inférieure.

FRUCTIDOR AN 5.

DÉCLARATION

A MES COMMETTANS.

Par J. CH. BAILLEUL,

Représentant du peuple, membre du conseil des Cinq-cents, député au Corps législatif par le département de la Seine-Inférieure.

> La négligence amène encore des révolutions. C'est ce qui arrive, lorsqu'on laisse s'élever aux premiers emplois des hommes qui ne sont pas amis du gouvernement. *Polit. d'Aristote, liv. 5, chap. 3, traduction de Champagne.*

Je remplis une tâche bien pénible. Je vais dénoncer à la France des hommes que j'aurais voulu porter dans mon cœur, avec lesquels il m'aurait été si doux de marcher dans les voies de la loyauté et du patriotisme, vers l'affermissement de la république, le bonheur et la gloire de nos concitoyens.

Je déclare à l'avance que je ne redoute en aucune manière les noms injurieux prodigués à ceux qui défendent la république. Avec quelqu'animosité qu'ils soient prononcés, ma conduite dans tous les tems est une réponse plus que suffisante. Je ne tiendrai point le langage avec lequel certains hommes excusent leur lâcheté, en disant : *Je ne suis d'aucune faction,* tout en servant une faction. Je me suis déclaré franchement

A

contre toutes les factions. J'ai mérité une longue proscription après le 31 mai. Je passe sur la conduite que j'ai pu tenir dans des crises moins remarquables, pour m'arrêter à une autre catastrophe que je ne crains pas d'appeler le plus grand des crimes commis dans le cours de la révolution, parce que c'est le premier de ce genre par lequel le royalisme ait attaqué la république de front et à découvert.

Le 11 vendémiaire, au milieu des cris des factieux et de leurs poignards, j'osai, du haut de la tribune, crier aux parisiens, *qu'on les égarait ; que des brigands, pour la plupart sans domicile et sans aveu, s'étaient emparés des sections ; qu'il suffisait de les regarder en face et d'examiner la moindre de leurs actions, pour reconnaître les plus vils, les plus corruptibles, les plus infâmes des hommes ; que ces misérables les pousseraient vers l'abyme, en sachant bien, pour ce qui les regardait, éviter toute espèce de danger.* Je mettais, par cet acte, ma tête dans un plus grand danger ; mais je remplissais un devoir qui me commandait tout-à-la-fois d'avertir mes concitoyens des séductions dont on les environnait, et de résister aux attaques des ennemis de la liberté et de la république.

Aujourd'hui que les mêmes conjurés ont renoué les mêmes trames ; que plusieurs d'entr'eux ont été élevés à des fonctions eminentes, et que soutenus par d'injustes préventions, ils ont planté leur étendard jusques dans le sein du corps législatif ; qu'après avoir suivi le plan le plus astucieux de contre-révolution, et au moment d'être démasqués aux yeux des plus entêtés et des plus stupides, ils organisent la guerre civile, et se préparent à soutenir, les armes à la main, l'ouvrage qu'ils avaient jusqu'à ce jour conduit par l'intrigue et dans l'obscurité, c'est un devoir pour un représentant du peuple, de jeter le cri d'allarme, et d'avertir les républicains de leurs dangers et de ceux de la république.

Peut-être éléverons-nous la voix trop tard ; peut-être le crime, avant que j'aie terminé cet écrit, le crime qui a déja frappé les ames de sinistres pressentimens, aura porté des coups funestes à la république ; car il ne la renversera pas. Mais sans me faire illusion sur quelques choix faits en vendémiaire, et encore moins sur les dernières élections, j'avais pensé que quelles que fussent les préventions de ces hommes, leurs principes, leurs projets, j'avais pensé, dis-je, que touchés du sort de leurs concitoyens, qu'émus au moins de quelque pitié, puisqu'ils sont incapables d'avoir une patrie et de la chérir, pour un pays où ils ont leurs parens, leurs femmes, leurs enfans, et sur-tout leurs propriétés, ils reviendraient à des idées plus saines, plus honnêtes et plus généreuses ; qu'ils briseraient des liaisons coupables, et qu'ils abandonneraient, pour leur sûreté, des entreprises dont le succès même serait encore pour eux une source de dangers et de calamités. D'ailleurs je n'ai point négligé, lorsque j'ai parlé à la tribune, de montrer le déluge de maux que des plans d'innovation, qui n'étaient plus un mystère, allaient attirer sur nous. Toute espérance à cet égard parait détruite ; et maintenant que le tems et les actions de chacun de nous, ont imprimé sur son front sa loyauté ou sa perfidie, je romps un silence qui désormais serait coupable. J'attaquerai directement ces hommes qui attaquent la liberté et la république.

Je n'irai point à une tribune, dont toute liberté est bannie, au milieu des délibérations qui ne sont plus qu'un jeu cruel et une atroce dérision, recueillir l'outrage et offrir à des interrupteurs, à des conjures sans honte comme sans remords, des discours qui, quoique bien ménagés, bien élagués, bien adoucis, offrent encore trop de vérités, pour qu'ils puissent les entendre.

C'est aux citoyens français, c'est à la nation entière, que je m'adresse. Je dirai toute ma pensée sans ménagement et sans crainte.

Le ciel m'est témoin que je ne suis conduit ni par la haine, ni par l'ambition ; que j'aime trop ma tranquillité pour exciter contre moi tant de passions furieuses, si mon pays et si la liberté étaient moins menacés. Et vous que j'attaque, vous pourriez effacer mon nom de la liste des vivans, vous n'effacerez point

(4)

vos crimes, qui vont bientôt vous conduire à des crimes plus grands ! ils appartiennent à l'histoire ; déja je les vois sous mes yeux consacrés par la presse, et deja votre infamie chemine vers la postérité.

L'examen des faits nous apprendra sans doute comment les meilleurs citoyens, les hommes qui se sont constamment dévoués pour l'ordre et la tranquillité, ont été transformés en conspirateurs, en perturbateurs du repos public ; comment les hommes signalés par leur incivisme, sont présentés à la nation comme les fidèles soutiens de la liberté et de la constitution. Il nous apprendra comment, par des actes de plus en plus audacieux, de plus en plus criminels, on prétend s'arroger des droits et une autorité qui en assurent l'impunité d'une part, et de l'autre, préparent le succès de la conjuration.

Mais avant d'entrer dans cet examen, il est un coup-d'œil général qu'il faut saisir. Déja les hommes les moins réfléchis ont remarqué dans notre situation deux époques qui, comparées, donnent des résultats dont il est impossible de n'être pas frappé. D'ailleurs, ce premier aperçu contient la question, et mène tout naturellement aux faits qu'ils s'agit d'examiner.

Quelle était notre situation avant le premier prairial, c'est-à-dire, avant l'arrivée du dernier tiers ? Quelle est-elle maintenant ?

Avant le premier prairial, il est de fait, et toute la France l'atteste, que notre sort s'améliorait chaque jour davantage, et que l'espoir qui se réalisait chaque jour nous tenait lieu d'un plus grand bonheur que nous voyions si près de nous, et qui semblait ne pouvoir plus nous échapper. Couverts de gloire aux yeux des nations, les puissances les plus acharnées à notre perte, nous demandaient la paix, le commerce reprenait de l'activité, l'étranger s'empressait de nous témoigner sa confiance, en nous livrant ses capitaux. Les fonds publics, les rentes avaient acquis une valeur qui surpassait toute espérance ; les biens nationaux étaient recherchés. A peine le premier prairial a-t-il montré les avant-coureurs de ces plans réformateurs, ou plutôt anti-républicains, contre-révolutionnaires, que les fonds publics baissent subitement et restent sans valeur; que l'étranger rappelle à lui ses capitaux; que tous les services manquent à la fois; que les tribunaux, pour la plupart, montrent la plus révoltante partialité; que les administrations oublient tous leurs devoirs; que les négociations de paix prennent un autre caractère, et trainent en longueur; que les ennemis de la république se montrent avec audace, et ne dissimulent plus leurs espérances; que les biens nationaux sont dédaignés, leurs acquereurs menacés et proscrits; que la tranquillité par-tout est troublée, la sûreté des personnes compromise, et qu'une inquiétude cruelle et qui s'accroit chaque jour, s'empare de tous les esprits.

Ce sont-là des faits positifs que des arrêtés du conseil des cinq-cents ne peuvent dénaturer ou aneantir. Or, quels sont les véritables amis de la tranquillité, de la constitution ou de ceux qui dirigeaient les affaires avant prairial, ou de ceux qui depuis s'en sont emparés? Ainsi la question est déja décidée, par le fait, et l'argument est sans réplique. Il est évident que ces derniers, qui ont deja causé tant de maux, ne peuvent être que des insensés ou des traîtres.

Aussi est-il vrai de dire, que quelle que soit la complaisance avec laquelle des conjurés ou quelques-uns de leurs imbécilles sectaires viennent à la tribune vanter LEUR JUSTICE ET LEUR HUMANITÉ, se plaindre des calomnies que l'on vomit, disent-ils, chaque jour contre le corps législatif et le conseil des cinq-cents; le corps législatif, et notamment le conseil des cinq-cents, sont en exécration à tout ce qu'il y a de sensé, non-seulement en France, mais en Europe. On sent toutefois que parmi les membres des deux conseils, il y a d'honorables exceptions.

Les ennemis de la paix, les infâmes amis des émigrés, les protecteurs, les proxenetes des prêtres séditieux ne peuvent avoir d'autre déstinée. Et quels que soient leurs cris et leurs fureurs, ils n'imposeront pas silence à cette opinion publique, un peu plus réelle que l'opinion factice qu'ils s'efforcent de propager par les journaux conspirateurs qu'ils tiennent à leurs ordres et à leurs gages.

Pour avoir une idée juste de la conspiration qui agite aujourd'hui la république, en la menaçant, il faut remonter à son origine.

Après les événemens de prairial de l'an 3, les royalistes, qui, jusques-là, s'étaient cru trop heureux d'avoir échappé au torrent révolutionnaire, qui, jusques-là, avaient été si rampans et si soumis, conçurent quelque espoir. Ils furent parfaitement secondés par le gouvernement qui tomba à cette époque dans des mains si faibles et si imprévoyantes, que la malveillance la plus audacieuse n'aurait pas causé plus de maux. Cependant la convention nationale offrit la constitution à la sanction du peuple, marqua le terme de ses travaux, et fixa le moment des élections. Les royalistes s'agitent dans tous les sens : émissaires, journaux, pamphlets, affiches, calomnies, outrages, tout est prodigué pour flétrir les hommes les plus purs. Sous prétexte d'écarter les jacobins des élections, on écartait tout ce qui avait quelque civisme ; mais la convention porta les décrets des 5 et 13 fructidor, d'après lesquels les deux tiers de ses membres, au moins, devaient entrer dans la première formation du corps législatif. Cette sage précaution mit la rage dans le cœur des royalistes. Ce n'était pas la constitution qui les gênait, une table de principes et d'abstractions ne les embarrassait guères ; mais des hommes fermes et dévoués restant en fonction, on sent que par-là tous leurs projets étaient déjoués, et l'on peut concevoir qu'elles avaient été leurs espérances, si l'on se rappelle l'histoire de la dissolution du long parlement en Angleterre, et ce qu'il fallut de tems pour rétablir la royauté après la convocation du nouveau parlement ; aussi ils ne gardèrent plus de mesure, et le premier acte de la section le Pelletier fut un acte de révolte.

C'était ces *conventionnels* si horribles, ces *perpétuels si odieux* qu'il fallait écarter ; et pour y parvenir, il fallait faire rejeter les décrets des 5 et 13 fructidor.

Imaginez les journalistes les plus notoirement voués à la royauté, distribués dans les sections de Paris les plus marquantes, gorgés le plus souvent de vin, afin de montrer plus de courage et d'audace, enivrant de leurs fureurs une multitude disposée de longue main, et à qui il suffisait, pour les faire proscrire et chasser, de désigner comme jacobins tout ce qui pouvait opposer du talent ou seulement du bon sens à ces forcenés, vous vous ferez une idée de l'état de ces sections; elles étaient au dernier période de la frénésie et du délire, lorsqu'on publia l'acceptation des décrets des 5 et 13 fructidor. De cette manière les royalistes perdaient tout espoir. Ils redoublent de fureur, ne pouvant écarter les membres de la convention du corps législatif, ils arrêtent de les massacrer.

Il y a des hommes qui soutiennent qu'il n'y eut point de conspiration en vendémiaire de l'an 4. Je n'ai point le temps de disputer avec des sots ou des assassins complices de cette conspiration.

On croit avoir le droit de soutenir cette assertion, parce que de bonnes gens qui ont pris les armes, ont déclaré qu'ils n'avaient aucune mauvaise intention. Je sais très-bien qu'il y en avait de cette espèce, et beaucoup; mais c'est à manier les passions des hommes, que brille le talent des factieux; on avait distribué la nourriture selon la force des estomacs. Pour la tourbe, il avait suffi de lui dire que les jacobins allaient les piller et les torturer, si on ne leur *courait sus*; ceux, qui à plus d'exaltation joignaient de plus hautes prétentions en politique, qui cependant n'étaient pas si méchans, on leur fit entendre qu'il ne s'agissait que de faire un contre 31 mai, et d'arrêter une soixantaine de députés de ceux qui déplaisaient généralement. Un homme qui a fait le coup de fusil dans cette journée, m'a avoué que *pour lui* il n'avait pas eu d'autres vues; mais cette horde de brigands altérés du sang des républicains qui dominaient dans les principales sections, voulaient un massacre, et le matin même, ils don-

naient des ordres pour qu'il ne restât pas un seul d'entre nous ;
ils se baignaient déja en idée dans notre sang , et se montraient
réciproquement avec une féroce volupté nos têtes ensanglantées·
Ce ne sont point-là des déclamations , ce sont des faits *.

C'est une chose qui me paraît toujours nouvelle, que d'entendre , et notamment des députés tout fraichement arrivés
des départemens , parler de vendémiaire , avec cette arrogan-
te confiance que donne la sottise ; et cela avec la prétention
de nous apprendre ce que c'était, à nous qui y étions , et
qui , pour la plupart , avons fait tant d'efforts pour en prévenir les désastres.

La convention ne fut point masssacrée ; mais les nominations
étaient faites, et elles l'avaient été aux cris des factieux et
sous leur influence ; elles l'avaient été dans des assemblées d'où
toute liberté avait été bannie , d'où les meilleurs citoyens
avaient été chassés. En laissant subsister de telles opérations ,
il est évident que les conjurés obtenaient encore au moins la
moitié du succès sur lequel ils avaient compté ; il est évident
qu'ils introduisaient leurs créatures dans les administrations ,
les tribunaux , et jusques dans le sein du corps législatif ; il
est évident que dès-lors il y avait désunion dans l'organisation du corps politique, qu'il renfermait des germes d'anarchie et de déchiremens , que sa marche serait incertaine et
pénible ; enfin , qu'avec des viscères viciés , il allait être
dans un véritable état de maladie.

Il eût fallu anéantir au moins les élections de Paris , qui
avaient été le foyer de cette vaste conjuration , et de quel-
quesautres départemens où il y avait eu des troubles ; mais la
crainte de retomber dans de nouvelles secousses , l'épouvante
que donna à une partie des membres de la convention l'espèce de mystère dont s'était environné la commission extraor-
dinaire chargée de présenter des mesures relatives aux cir-

---

* Venez dîner demain avec moi , dit un vendemiairiste , le matin du 13,
à un de mes amis , *je vous servirai une tête de député.*

J'ai oublié de remarquer que les pièces trouvées chez Lemaître ne pou-
vaientlaisser aucun doute sur les auteurs et la nature de cet événement.

constances , tout concourut à faire repousser les précautions les plus indispensables.

On ferma donc les yeux sur les élections ; on eut même la bonté de croire que la générosité avec laquelle on en avait agi pourrait ramener les cœurs à la république , et le corps législatif se forma. Il fut , comme on peut aisément l'imaginer, composé de trois élémens bien distincts : de citoyens véritablement dévoués à la république , dont le zèle et les talens ont rendu , dans le cours de l'année dernière , les services les plus signalés ; d'hommes probes, mais jusques-là étrangers aux principes de la révolution, comme à sa marche , et presque toujours guidés par des préventions injustes ; la troisième partie se compose des conjurés eux-mêmes, ou d'hommes qui , sans avoir pris part à la conjuration , professaient les mêmes opinions : la loi du 3 brumaire , à la vérité , en écarta d'abord quelques-uns ; mais ce fut le bien petit nombre.

Les chefs des conjurés impunis , les élémens de la conjuration placés dans toutes les autorités , c'étaient-là des fautes bien inconcevables , elles portaient avec elles le germe de tous les maux. Les premiers dont elles furent cause pour être moins sensibles , n'en furent pas moins réels. Ceux des conjurés ou les contre-révolutionnaires qui étaient entrés dans le sein du corps législatif, forts des malheurs qui avaient inondé le berceau de la république, eurent d'abord trop d'influence. Un discours , heureusement imprudent , où la révolution était attaquée jusques dans ses bases, dessilla les yeux de beaucoup d'individus , qui déjà, depuis un certain tems, étaient inquiets sur la tournure que prenaient les affaires. Les républicains se trouvèrent alors à leur place ; mais une remarque affligeante , c'est qu'assez forts pour empêcher le mal , ils ne le furent jamais assez pour faire le bien. Le tems le plus précieux qui devait être employé à consolider la république par de bonnes institutions, fut perdu à disputer le terrein , à repousser des projets désastreux, tels que de renvoyer aux tribunaux la connaissance de la validité des ventes de biens nationaux ; d'attribuer aux administrations de département la radiation des émigrés ; de les regarder même comme citoyens, et de les faire juger par les tribunaux ; la question de compétence dans le procès de la Villeurnoy , etc. etc. propositions qui rentraient exactemeut dans un système général de contre-révolution. Pendant que les républicains repoussaient de si coupables efforts , les conjurés ou contre-révolutionnaires entretenaient , fomentaient le plus mauvais esprit par leur correspondance : ils faisaient même circuler, sous le contre-seing des conseils , les journaux les plus détestables , tels que *le Messager du soir* , *le Censeur* , *le Miroir* , etc. Que dis-je , ils concouraient à leur rédaction , ils les chargeaient des calomnies que dans leurs gaîtés ils imaginaient contre les républicains. Les contre-révolutionnaires du dehors , ayant un tel point d'appui dans le corps législatif , en devinrent plus audacieux et plus redoutables.

Cependant le mal faisait chaque jour des progrès plus effrayans. On sentait comme , malgré soi , qu'indépendamment des moyens de contre-révolution connus , une main invisible donnait des secours, créait, organisait ; on s'en plaignait à la tribune. Les conjurés avaient l'audace d'interrompre , d'outrager , de nier. Enfin Duverne de Prèle , la Villeurnoy et Brottier , agens du prétendu roi furent arrêtés , et la conjuration qu'ils dirigeaient , dévoilée.

Il est impossible de se faire une idée de la légèreté avec laquelle on a glissé sur cet événement si important en lui-même , et qui renferme tout le secret de ce qui se passe , ou plutôt le mal etait déja si grand , que l'on n'a osé envisager ce procès dans tous ses détails , et prendre les mesures que commandait impérieusement la conservation de la république. Je vais extraire de ce procès, trop tôt oublié, ce qui a trait à notre situation. Je prie le lecteur de bien peser chaque mot. Nous arriverons par-là aux dernières élections , et nous jugerons si en général elles ont été faites pour la république.

Nous verrons de quelle manière les agens du prétendu roi, envisagent les hommes et les choses, et s'il y a quelque conformité entre ce qu'ils ont dit, ce qu'ils ont voulu et ce qu'ils ont fait, et ce que disent, ce que veulent, ce que font ceux que j'appelle conjurés.

Vous n'êtes point compris sous cette dénomination, vous que vos passions seules et votre inexpérience égarent, et qui ne connaissez assez ni les hommes avec qui vous marchez, ni ceux contre qui vous agissez. Vous êtes des aveugles qui croyez être bien habiles et avoir fait une œuvre méritoire, en manifestant une opinion, par cela seul qu'elle est contraire à celle des hommes qui n'ont pas le bonheur de vous plaire.

Paoli, l'un des accusés dans le procès du prétendu roi, dit :

Que le DIRECTOIRE ROYAL, *séant à Paris*.....

Cet accusé, par les détails dans lesquels il entre, paraît assez initié dans tout ce mystère d'iniquité, pour que son témoignage mérite confiance; mais quelle force il reçoit, lorsqu'on lit dans les instructions du prétendu roi, page 30,

» Sa majesté est également disposée à approuver tous les
» changemens que ses agens croiront entièrement utiles à l'exé-
» cution du grand plan dont l'enchaînement leur a été tracé.
» Le roi pense qu'il devient de jour en jour plus essentiel d'en
» lier les opérations avec celles que dirige, dans le point cen-
» tral de l'est, M. de Précy, dont les relations sont déja for-
» mées, d'un côté, avec la Franche-Comté et la Bourgogne,
» et vont s'étendre avec le bas Languedoc, *où des agens du roi*
» *travaillent avec succès.* D'après les mêmes principes, S. M.
» désirerait aussi que ses agens étendissent, depuis les provin-
» ces de la Vendée et du Poitou, leurs rapports successifs dans
» la Guyenne et le Languedoc. »

Mais quels étaient *ces projets*, quel était *ce grand plan* auquel le roi approuvait que l'on fît des changemens entièrement *utiles ?*

Interrogatoire de Brottier. Débats, n°. 24.

» Le citoyen Malo nous ayant demandé quels étaient nos
» projets ? Je lui répondis, que mon unique intention était de
» conserver les *choses* in statu quo, *et d'amener* LE GOUVER-
» NEMENT ACTUEL à faire des dispositions qui pussent amener

» LA PAIX. » Je prie que l'on remarque *le statu quo* et le *gouvernement actuel*. Il sera nécessaire qu'on s'en souvienne, lorsque je parlerai de l'acharnement que les conjurés mettent à obtenir la majorité dans le directoire. D'avance, *j'observe* que ce ne peut être que pour avoir un *gouvernement actuel* avec lequel on puisse *traiter*.

Le président demande : » Avec qui pensiez-vous que le gou» vernement put entrer en négociation ?

» Brottier : AVEC LOUIS XVIII.

« J'observe, ajoute-t-il, que je n'ai eu aucune intention de » renverser *le gouvernement actuel*, et que j'ai formellent dit » que c'était contraire *aux intentions de Louis XVIII* et aux » instructions dont j'étais porteur de sa part ; j'insistai sur des » principes de conciliation, et non de destruction. »

Cependant le citoyen Malo, en parlant de ces hommes si doux, si concilians, dit : « Ils m'ont tant parlé *d'assassiner*, » *d'égorger*, que j'ai été tenté dix fois de cesser de me déguiser, » et de reprendre mon caractère ordinaire pour les battre. »

Mêmes débats, n°. 17, séance du 7 germinal, p. 261.

Duverne de Préle (arrêté sous le nom de Dunan) dit :

« Je trouvai Louis XVIII à Zurick, je lui démontrai, je » crois, que ce qu'on appelle la contre-révolution, était im» possible à faire IMMÉDIATEMENT ; je lui fis voir que tous les » efforts que l'on tenterait desormais à main armée tourne» raient nécessairement contre les royalistes.... *Le renouvel*» *lement périodique du corps législatif est le moyen que je* » *montrais comme la pierre de touche du nouveau gouverne*» *ment*. Le corps législatif pourrait, à toutes les époques, *pro*» *poser* LA CONCENTRATION DU POUVOIR EXÉCUTIF. »

D'après ces instructions, il fallait s'assurer si dans le corps législatif il n'y avait pas des membres dignes de faire partie du *gouvernement actuel*, avec lequel *on put traiter*. Il fallait s'assurer des élections. Les chefs des armées devaient aussi être l'objet de la sollicitude des agens royaux. Il fallait désigner comme jacobins, montagnards, tout ce qui n'a pas la scélératesse, la stupidité de seconder leurs vues. Enfin le tout devait se faire au nom et par la constitution.

Interrogatoire de Lavilleurnoy.

» La désunion existante malheureusement, non-seulement
» entre les deux conseils, mais dans l'intérieur même du con-
» seil des cinq-cents, où LES MONTAGNARDS ont pris un as-
» cendant fait pour effrayer *les gens amis de l'ordre et de la*
» *paix* * , m'a fait penser qu'il serait essentiel de trouver une
» mesure quelconque pour empêcher les effets terribles qui
» pourraient résulter de cette scission dans un moment d'ex-
» plosion »....

Et il y a des hommes à qui un pareil langage n'ouvre point les yeux ! Et ils prétendent qu'ils sont républicains, et qu'ils ont la tête saine ! Pauvres gens ! Mais la patrie qui leur a confié ses intérêts les plus chers !.... Poursuivons.

Instruction du roi, page 28.

» Le roi a appris avec la plus grande satisfaction, que ses
» agens à Paris, en s'occupant efficacement des moyens de ral-
» lier à lui les membres des deux conseils et de l'administra-
» tion actuelle, n'ont jamais cessé d'avoir en vue le grand but
» vers lequel doivent se réunir tous les intérêts bien entendus.»

Ensuite : » gagner et ramener le plus grand nombre des mem-
» bres du parti connu aujourd'hui sous le nom de *ventre*. »

» Les plus récentes notions sur la situation actuelle des deux
» conseils, rendent ce troisième point bien important; et le roi
» croit devoir ajouter cette nouvelle instruction à toutes les
» précédentes qu'il confirme. »

Puis page 29. » Tandis que les agens du roi CONTINUERONT
» à fortifier et à étendre le PARTI QUI A TÉMOIGNÉ DÉSIRER
SINCÉREMENT SE RALLIER A LUI.

Instructions, page 28. » Parmi tous les moyens d'accroître

---

* On voit par ces deux passages que le mot paix veut dire ici contre-révolution. Lors des dernières élections ces messieurs promettaient, et de bonnes gens ont cru que c'était la paix avec l'empereur, avec l'Angleterre ; pas du tout, c'était le renversement de la constitution et le massacre des républicains.

» l'influence *du parti*, dont les agens du roi *entretiennent et*
» *excitent les dispositions*, il en est trois principaux : écarter
» efficacement de l'administration *les régicides, leurs chefs* et
» ceux *des ja obins*. »

» TRAVAILLER A ASSURER LE SUCCÈS DES NOUVELLES
» ÉLECTIONS. »

Procès, n°. 16, p. 246, séance du 26 germinal :

Le président : » Il y est parlé (dans l'instruction) de faire
» réussir les prochaines élections, et d'y favoriser les bons
» choix. Sans doute que vous avez fait les démarches conve-
» nables. »

Brottier. » Oui, citoyen, *j'y ai mis tout le zèle possible*,
» comme ami des lois et de LA CONSTITUTION. »

Le président : » Pourriez-vous nous faire part des moyens
» que vous avez employés ? »

Brottier. » Les moyens sont simples. J'ai engagé mes amis à
» faire de bons choix. »

Le président. » Il ne paraît pas vraisemblable qu'étant l'un
» des agens du prétendant, vous ayez cherché à favoriser les
» élections. Sans doute que vous aviez un autre but ? »

Brottier. » Non, citoyen ; je ne cherchais que le bonheur de
» la république, et je leur désignais comme les personnes sur
» qui devaient tomber leurs choix, *les mêmes personnes qui*
» *sont actuellement désignées dans les assemblées primaires.*»

Le président. » Et quelles sont ces personnes ? »

Brottier. » C'est l'estimable VAUVILLIERS, ainsi que *l'esti-*
» *mable Lanjuinais*, et autres personnes que nous avons sujet
» de regretter. »

Vauvilliers, dont je parlerai bientôt, a été élu ; mais l'estimable Lanjuinais ne l'a pas été. Il y a plus ; il vient d'être traité
dans un écrit, par un des correspondans de Brottier, à peu-près
comme lui, estimable Lanjuinais, aurait traité Carrier ou Jo-
seph Lebon.

Procès, n°. 20, p. 211. Duverne de Presle. » On fait dire au

» citoyen Paoli, qu'il faut empécher les élections, tandis que
» *nous devions les seconder de tout notre pouvoir* ».

On vient d'entendre Brottier se donner, il y a un instant,
pour un ami de la constitution. En effet, il doit étre le modèle
de ces sortes de bons amis qui l'invoquent avec fureur, quand
ils peuvent y trouver des moyens de rendre impuni le crime de
l'avoir attaquée.

Brottier, sur la question d'incompétence, disait : » Mais
» je ne puis *m'écarter de la constitution*, QUI M'OBLIGE de
» faire une distinction entre les trois pouvoirs ; et si nous adhé-
» rions à la reconnaissance du conseil de guerre, dans ce mo-
» ment-ci, CE SERAIT LA VIOLER. »

Instruction, p. 29. » Le roi voudrait que vous lui fissiez par-
» venir des éclaircissemens plus étendus sur la consistance du
» parti dont vous exposez les intentions, particulièrement sur
» la connexion que vous avez annoncée dans la lettre du 25
» mai , *avec une des deux armées principales*, et sur l'associa-
» tion qui paraît formée depuis peu, et que vous ne faites
» qu'indiquer dans votre nouvelle lettre. »

Entendons les agens royaux eux-mêmes donner un sens encore plus déterminé aux mots *montagnards, jacobins, etc.*

Instruction, art. 13 : « S'assurer des principaux jacobins et
» terroristes. »

Art. 14. « Brûler sur-le-champ les presses des journaux
» *jacobins*, tels que le Père Duchène, le journal des Hommes
» Libres, *le Bonhomme Richard*, la Sentinelle, l'Ami des
» Lois, LE RÉDACTEUR, LE JOURNAL DES DÉFENSEURS DE
» LA PATRIE, l'Ami du Peuple, et arrêter leurs auteurs...»

Entendez vous , impudens calomniateurs, ou leurs imbécilles échos. Le journal des *Défenseurs de la Patrie*, est un
journal jacobin. Entendez-vous, braves armées, le récit glo-
rieux de vos actions est un acte *de jacobinisme !* Que sont
donc vos exploits eux-mêmes ?

Rapport, p. 39. « Une fois le gouvernement détruit, il n'y
» a pas à douter que les honnêtes gens se rangeront de notre

» côté , dans la crainte de voir renaître le régime de la ter-
» reur. »

Interrogatoire de la Villeurnoi , p. 53. « La conduite tenue
» par le citoyen Malo, lors de l'attaque du camp de Grenelle,
» a dû nécessairement donner une haute idée de lui *à tout ce
» qui n'est pas jacobin.* »

Procès , n°. 17 , p. 267 , Lavilleurnoy : « Que sa tête (d'un
» directeur) soit mise à prix , et pourquoi , parce que par sa
» présence il pourrait enhardir et donner des forces à *une
» faction* qu'il faut empêcher de couvrir une seconde fois *la
» France de sang et de ruines ; car vous savez quel usage on
» a fait de la terreur.* »

Ainsi , que l'on attaque le gouvernement , ceux qui le dé-
fendront seront des jacobins , et leur but sera de rétablir la
terreur. C'est précisément le langage que tiennent aujourd'hui
les conjurés ; j'en fais la remarque d'avance , et je répéterai
cette observation , qui renferme tout le secret de leur conduite.

Ibid. p. 268 , Lavilleurnoy : « Il y aura des jugemens pré-
» vôtaux : aucun citoyen n'aurait pu se plaindre *de cette me-
» sure prise pour empêcher que le monstre de l'anarchie ne se
» relevât.* »

Comme les hommes qui ont figuré dans la révolution , ne
sont pas tous des jacobins , il fallait trouver un moyen de les
rendre également odieux ; à cet effet , la faction d'Orléans a
été ressuscitée , et le jour même que l'on dénonçait la conjuration royale à la tribune du conseil des 500 , afin que cette
dénonciation ne fît pas une impression trop contraire aux vues
et à l'intérêt des conjurés , un orateur monta à la tribune , et
parla de la faction d'Orleans , précisément dans les mêmes
termes que l'on lut ensuite dans les pièces du procès des agens
royaux. On fut d'abord tout étonné de cette résurrection ;
quand on eut lu , on ne put qu'admirer combien l'orateur
était conséquent à ses principes et à sa conduite.

Rapport de Malo , page 46 : « Le fils d'Orléans est dans
» ce

» ce moment à Paris, et ils avaient (les agens du roi) des
» personnes affidées qui se mettaient à sa recherche, *pour de*
» *suite donner connaissance au ministre de la police* de sa
» retraite, dès qu'ils en auraient été instruits. Ils le soupçon-
» naient chez Santerre ».

Malo, en répétant ces impertinences, ne s'est pas montré
le plus fin.

Interrogatoire de Berthelot, page 41 :« Comme on par-
» lait beaucoup de mouvemens jacobites et de *ceux de la*
» *faction d'Orléans*, qui paraissaient se coaliser pour dé-
» truire le gouvernement actuellement existant en France »....

On ne parlait ni de jacobins ni d'orléanistes, c'est le moment où depuis sept ans la France ait été le plus tranquille de
ce côté.

Proclamation de Puisaye contenue dans le message du premier ventôse an 4, page 5 : « La faction qui bouleverse la
» France depuis sept ans n'a point changé d'objet ; l'infâme
» d'Orléans, trop honoré par le supplice des martyrs, revit
» dans son fils ; les factieux ont fait éloigner celui-ci pour le
» faire paraître quand il en serait tems ».

Procès, n°. 3, Duverne de Presle : « Qu'à la vérité le gé-
» néral Hoche venait d'être nommé à l'armée de Sambre-
» et-Meuse, et qu'il était du parti d'Orléans ».

Membres du corps législatif qui prenez le texte de vos
discours dans ces royales extravagances, dans ces contre-
révolutionnaires perfidies, vous avez bien raison de marcher
la tête si haute.

Il fallait appuyer *le gouvernement actuel*, composé par
les soins des agens royaux, d'une force positive.

Instruction, page 20, art. 26 : « Charger M. de Bar, *de*
» *proposer son plan* pour remonter à Paris une forte garde,
» *tant à pied qu'à cheval.* Voyez de plus les pages 84 et 85 ».

Que l'on réfléchisse à cette loi sur la création des chasseurs, grenadiers, cavaliers, etc.

Ibid. page 18, art. 19 : « Nommer un chef à la gendar-

» merie.... il serait convenable d'adjoindre à chaque bri-
» gade un officier sûr, pour la mieux contenir dans les pre-
» miers jours ».

Relisez le projet présenté dernièrement au conseil des 500,
et que l'on y remarque cette combinaison d'après laquelle
on ne peut employer aucun officier de la révolution. Quand
Munk préparait la contre-révolution en Angleterre, une des
premières précautions qu'il prit avant la convocation du nouveau parlement, dont les choix avaient été aussi dirigés par de
bons amis de la république pour la royauté, ce fut de replacer
insensiblement tous les anciens officiers connus pour être dévoués au roi. Le projet dernièrement présenté ressemble un
peu à cela.

Qui peut avoir oublié cette scandaleuse discussion que l'on
a fait naître, sous le prétexte de rétablir la liberté des cultes
qui existait et qui n'était contestée par personne : que l'on
rapproche l'hypocrisie du rapport fait à cette occasion avec
les expressions suivantes :

Proclamation du roi, page 21 : « La providence a per-
» mis que son *culte, ses lois, son gouvernement fussent*
» *anéantis* ».

Page 22. « De notre côté, mettant en oubli l'égarement
» d'un peuple trompé par des ambitieux qui ont osé porter
» leurs attentats jusqu'à la divinité ».

Proclamation de Puisaye : « Ces hommes, accoutumés à
» dominer, frémissent à l'aspect de ce jour.... Heureux et
» célèbre à jamais dans les annales de la *religion* et de la
» *monarchie*, ou le plus désiré des rois, le petit-fils de
» Louis IX (celui qui fut saint) environné de cette foule
» de héros français, (les émigrés) et précédé des ministres
» *de notre sainte religion*.... ».

Voilà donc *le grand plan* pour l'exécution duquel des
agéns sont répandus par toute la république. La seule découverte de projets aussi vastes et aussi coupables aurait
commandé les mesures les plus sévères et les plus fortes. Ce-

pendant les républicains sont restés indifférens et dans une
sorte de stupeur. L'affaire qui avait révélé tant d'attentats,
a été traitée comme un délit isolé qui n'aurait intéressé la so-
ciété que sous les plus faibles rapports. Les royalistes,
les conspirateurs de vendémiaire, loin d'en concevoir de
l'effroi, ont cherché à en ôter la connaissance à un tribunal
qu'ils redoutaient, pour la traduire devant un jury, complice des crimes de vendémiaire, devant un jury que son
impunité devait naturellement enhardir. Telle est l'anarchie
dans laquelle nous avons vécu, qu'un des défenseurs des agens
royaux osa dire, dit sans interruption, dit impunément.

« Pourquoi cette étrange bisarrerie de vouloir faire juger
» sur un fait obscur d'embauchage seulement, des hommes
» que l'on accuse d'avoir tramé la ruine entière de leur pays ?
» Ah ! pourquoi ? pour tous ceux qui ont tant soit peu
» réfléchi, je ne crois pas que le mot de l'énigme ait été long-
» tems difficile à trouver. *Vertueux jurés du département de*
» *la Seine*, hommes probes et courageux, qui, appelés à pro-
» noncer sur la conduite de vos concitoyens dans une circons-
» tance malheureusement trop célèbre, eûtes la force de
» déclarer hautement la vérité; vous qui eûtes le courage
» d'arracher au glaive suspendu sur leurs têtes, de nouvelles
» victimes qu'on voulait immoler, on ne vous a point par-
» donné cet acte de franchise et de courage, etc »

Ainsi, dans une affaire qui est la suite et le développement
de la conjuration de vendémiaire ; dans une affaire qui jettait
un si grand éclat sur les malheurs qui affligeaient la république,
et sur ceux plus grands dont elle est menacée, qui en mon-
trait au doigt les auteurs, c'est le patriotisme qui se tait, qui
craint, c'est le conspirateur qui accuse ! Ainsi, l'évènement
qui devait rendre au gouvernement et aux républicains leur
énergie, qui devait ne laisser aux royalistes que le remords et
la crainte du châtiment qu'ils avaient mérité, a été pour eux,
par cette négligence dont parle Aristote, l'un des plus grands

encouragemens. Les conjurés agirent avec plus d'activité que jamais, et nous arrivâmes aux élections.

Elles sont jugées, car nombre de citoyens ont rougi des choix qu'ils avaient faits, et je ne crains pas de dire qu'ils ont été épouvantés en contemplant l'abîme dans lequel on les avait entraînés. Par-tout des royalistes déhontés, des chefs de chouans, des émigrés, des protecteurs de l'assassinat; voilà ce qui compose en partie les choix qui ont été faits sous les auspices des agens royaux. Toutefois, il est des départemens où la vigueur des républicains a conjuré l'orage et neutralisé les trames des conjurés; et des noms honorables et chers aux républicains se trouvent encore, malgré le crime, sur la liste des derniers élus.

Ces choix avaient été long-tems préparés à l'avance; séductions, calomnies, argent, menaces, tout a été employé pour réussir; des loges maçoniques et une organisation secrète de cotteries avaient tout disposé, et l'on était même dispensé de la peine d'écrire les billets que les agens des conjurés avaient préparé.

Il est maintenant de notoriété publique que l'instruction du prétendu roi a été ponctuellement suivie. Les meilleurs citoyens, ceux qui avaient rempli des fonctions publiques dans le cours de la révolution, les acquéreurs de biens nationaux, les hommes non recommandables par leur civisme, mais connus pour être honnêtes et probes, devaient être exclus; et s'il s'en est glissé qui soient dignes de leur mission par des vertus et du patriotisme, c'est qu'ils ont été nommés par *des jacobins*.

Pour prouver à quel degré les royalistes ont porté l'impudence, je citerai pour exemple la nomination de Vauvilliers. *Vauvilliers qui*, comme l'a dit Garat, *n'a pas été le complice des conspirateurs royaux, mais qui a possédé toute leur confiance.*

Vauvilliers avait été mis en arrestation lors de la découverte de la conspiration royale. Les raisons pour lesquelles il fut compris dans cette conspiration nous apprendront quels furent ses titres auprès de l'assemblée électorale du département de Seine et Oise (Versailles.)

Dans l'instruction , page 19 , art. 23 , il est dit : « Donner » sur-le-champ à M. de Vauvilliers la commission de direc- » teur-général des approvisionnemens de Paris »....

Vauvilliers fut interrogé sur les motifs de cette confiance ; il répondit , page 5 , « que la même notoriété publique a dû » lui montrer le citoyen Vauvilliers comme un homme sans » ambition , incapable de se mêler d'intrigues et de partager » les factions ; qui d'ailleurs avait rendu de si importans » services »....

Ne point partager les factions dans le langage de mes- sieurs , c'est tout simplement être royaliste.

Ibid , page 6. Interrogé sur un manuscrit trouvé chez lui, et dont les principes ne sont pas très-républicains , il ré- pondit : « qu'ayant été nommé électeur à la fin de l'an 3 , à la » presqu'unanimité des suffrages , et étant possible qu'il » *se trouvât forcé d'accepter cette année* ce qu'il avait refusé » précédemment , et que cela le conduisît au corps législatif, » il n'avait pas cru qu'il lui fût possible d'entrer au hasard et » sans avoir préalablement réuni avec méthode toutes les idées » politiques propres à le mettre en état de travailler utilement » pour ceux qui lui auraient confié leur félicité »....

Ibid , page 8. « Ajoute que , dans tout ce que ces feuilles » contiennent , le systéme représentatif, n'est envisagé que » dans la supposition d'un sénat qui concentrerait en lui seul » là plénitude et l'existence de tous les pouvoirs législatif, » exécutif et judiciaire , et *par conséquent sans aucun rap-* » *port ou induction relative à un systéme mitigé , ou à des* » *formes mixtes qui sépareraient les pouvoirs sans con-* » *fusion* ».

Nous verrons bientôt que l'estimable Vauvilliers en a menti ; mais entendons auparavant ce qui l'avait rendu si recommandable aux yeux des agens royaux.

Procès, N°. 19, page 292. Lavilleurnoy : « A cette épo-
» que, l'assemblée constituante, voulant tyranniser les cons-
» ciences, décréta un serment qui devait faire des ecclésias-
» tiques autant de parjures. M. de Vauvilliers ne voulut
» point prêter la main à un pareil ministère, donna sa dé-
» mission ; et cette conduite courageuse, je l'avoue, me fit
» concevoir pour lui un vrai respect, et une vénération
» profonde pour ses vertus »...

» Je voulais que le gouvernement qu'il fallait substituer à
» celui qu'on voulait renverser, fut confié à des hommes qui
» eussent la confiance et l'approbation générales (des roya-
» listes) ; et je m'étais si peu trompé sur mes choix, que le
» peuple *lui-même vient de nommer pour ses électeurs ceux*
» *que je ne faisais qu'indiquer*. M. de la M...., porté SUR
» MA LISTE, vient d'être nommé électeur à Paris.

Brothier et la Villeurnoy : « La même chose vient d'arriver
» à M. de Vauvilliers ».

On voit déjà que le refus du serment et le suffrage des
agens royaux devait être une puissante recommandation
auprès des républicains, sur-tout quand M. de Vauvilliers
pouvait rencontrer dans *le gouvernement un système mitigé
et des formes mixtes.*

Nous connaîtrons encore mieux tous ses droits, quand
nous l'aurons entendu lui-même.

Je dois remarquer que l'ouvrage que je vais citer n'est pas
seulement l'énonciation d'une opinion, mais de la fureur, de
la rage contre l'opinion républicaine qui, certes, n'est pas
celle de M. de Vauvilliers.

Page 24. « La convention s'est prorogée de vive force dans
» les deux tiers d'elle-même ; l'autre tiers a été dispersé
» dans toutes les places où elle avait besoin de *scélérats* ».

Infâme hypocrite, ton existence est la preuve qu'ils n'ont
pas même su être justes pour leur propre sûreté.

En parlant de la représentation nationale, il dit, page 25 :
« Quel est l'insensé qui rêva le premier ce système de délire
» et de désastres publics ».

Page 32. « Cette forme (la représentation nationale) est donc réprouvée par la raison , parce qu'elle est directement contradictoire avec l'objet du système social ».

P. 34. « La forme bizarre qu'on appele la CONSTITUTION DE 1795 , établie pendant que je revoyais cet ouvrage , m'oblige de changer un peu ma première marche.......

Enfin je réserverai quelques observations générales pour les appliquer spécialement à *LA PRÉTENDUE organisation qu'on appelle la Constitution de* 1795. (1)

Tout cela était publié , connu quand les élections ont eu lieu ; que l'on juge maintenant de l'esprit qui a dirigé de pareils électeurs ! que l'on juge du succès *du grand plan !* et que l'on demande quelles sont les causes de ce qu'il y a de pénible dans notre situation actuelle ! Que des traîtres de cette espèce fussent placés dans le sénat , ce serait encore un très-grand mal , lors même que les républicains y auraient la majorité , ainsi qu'il est arrivé l'année dernière , comme je l'ai déja observé. Mais si , par le moyen de toutes les passions que les factieux savent si bien employer , ils y dominent , quelle sera alors la position des républicains ? Il faut délibérer à côté des ennemis de la république , à côté de ses assassins ; on connoit leur hypocrisie , leurs projets , leur marche. Chaque jour en dévoile quelque partie , et par une monstruosité inconcevable , les langues sont liées , on se taît , ou bien on discute comme si on avait à faire à des gens de bonne foi ; et si l'on montre un instant l'apparence du danger , des cris de fureur vous imposent silence. Où donc chercher la cause d'un renversement d'idées si étrange ? Comment supposer toute une majorité voulant le mal , c'est ce qui est impossible , et cependant le mal se fait par elle , et comme si elle le voulait. Étranges effets de l'amour-propre , de l'inexpérience et de l'irréflexion !

---

(1) Je ne sais auquel de mes collègues M. de Neuvilliers disait dernièrement que la constitution ne l'obligeait en aucune manière ; attendu qu'il ne l'avait pas acceptée.

Un conspirateur ne découvre jamais sa pensée ; car il n'irait pas plus loin. Si ceux qui ont travaillé pour les dernières élections, avaient dit que leur but était de faire la contre-révolution, de détruire tout crédit, d'empêcher la paix à l'extérieur, d'exciter des troubles dans l'intérieur, d'y faire naître la guerre civile, afin que le peuple, las de ses maux, qu'on attribuerait au gouvernement républicain, reçut le prétendu roi à bras ouverts, à coup sûr on se serait mocqué d'eux, et ils n'auraient pas réussi ; mais ils ont crié avec force que des *jacobins* voulaient de nouveau faire verser le sang ; ils ont désigné comme tels tous les républicains ; ils ont démontré ce que tout le monde sentait, qu'il fallait ne nommer que des amis de l'ordre, de la paix et de la constitution. C'est ainsi que les électeurs ont été nommés. On ne s'est pas trompé sur le but, on ne s'est trompé que sur les moyens et sur les personnes.

Il y a donc dans les actions d'un conspirateur, le prétexte et la cause. Le prétexte est pour les hommes prévenus et inexpérimentés ; le prétexte est une abstraction, une vue générale sur un plus ou moins grand bien qu'on livre à leur discussion, la véritable cause leur échappe ; mais si un homme un peu plus clair-voyant pénètre le motif, montre le but, et ce but ne peut-être qu'un crime ; dans ce cas, il attaque nécessairement la personne ; alors deux moyens puissans sont employés contre lui. On soutient qu'il veut d'une part empêcher ce qui est *juste*, *humain*, etc. Mais d'un autre côté, on lui prête des projets cachés, des vues plus profondes ; *il n'attaque celui qui a fait la proposition, que pour arriver à ceux qui partagent son avis, qui ont avec lui une conformité de pensée, de conduite, même d'élection* ; alors ce n'est plus son opinion qu'on défend, on défend sa personne contre le prétendu aggresseur ; et celui qui voulait prévenir un mal, qui le sentait, qui le démontrait, par un retour inconcevable, se trouve être le seul qui ait des vues hostiles, le seul qui veuille du trouble et du désordre. Il désigne comme coupables de mauvaises intentions, l'homme avec lequel les dupes se sont identifiés d'opinion. Ils s'étudient, et ils voient qu'ils n'ont voulu que le bien ; ils en concluent que non-seulement le dénonciateur se trompe, mais qu'il est un scélérat digne de châtiment. Il existe une faction, ou elle est supposée exister, qui a de sinistres projets; il est de cette faction; il est chef, il est instrument. Et comment le nier? Ses discours déposent contre lui. Il a accusé l'homme *le plus juste et le plus humain* qui soit au monde.

Ainsi l'attention est détournée; le conspirateur échappe à l'ombre d'une précipitation de jugement, d'un amour propre mal entendu, que dis-je, il en devient plus fort et plus dangereux, il avance d'autant l'exécution de ses plans.

Cette confusion dans les idées nous a bien nui depuis deux ans ; elle empêche de remonter à la source véritable des maux partiels ; ils s'accumulent, parce qu'on n'ose en couper les racines, et alors ils donnent lieu à des catastrophes et à des désastres.

Il est impossible de parcourir les pièces que nous venons de mettre sous les yeux du lecteur, sans être convaincu de l'activité du royalisme, et que ses agens, que des conjurés royaux se sont introduits dans le corps législatif, les administrations et les tribunaux.

Mais si les secrets de la conjuration n'étaient pas révélés, la conduite des conjurés ou de leurs agens ne parlerait-elle pas assez haut; les tribunaux, sans parler de celui de cassation, qui leur est dévoué, et qui s'est rendu leur vil instrument, ne souffrent pas seulement le crime par leur inaction, ils autorisent l'assassinat en l'acquittant. C'est ainsi que les tribunaux, quand ils sont composés d'ames vénales, corrompues, ou d'ennemis du gouvernement, peuvent seuls donner lieu à une révolution.

Les administrations : que n'ont-elles pas fait en faveur des émigrés et des prêtres insoumis ? Le moindre de leur crime est de répondre aux acquéreurs de biens nationaux qui se plaignent des persécutions qu'on leur fait éprouver, *pourquoi achetiez-vous de ces biens ?*

Administrateurs, juges infidèles, vous répondrez des persécutions et du sang des republicains ! Entendez-vous, ils vous accusent ceux qui fuient de toutes parts les poignards qui s'aiguisent sous vos yeux ! Ils vous accusent ces cadavres que vous abandonnez au milieu des places publiques ; sans constater le coup qui les a frappés ! Ces cadavres privés de sépulture, que l'humanité n'ose soustraire aux regards effrayés des citoyens, et qui n'ont été enlevés, comme ceux des chiens, que pour vous préserver de l'effet de leur corruption ! Elle vous accuse la bouche expirante de cette jeune fille massacrée sur le seuil maternel !

Mais si de tels magistrats sont coupables, quel nom donner à ces hommes qui, revetus de fonctions suprêmes, ont eu l'audace d'excuser à la tribune nationale, la révolte, l'assassinat, et qui ont en même tems donné le signal du bouleversement et du carnage ? Les infâmes ! tout ce qui a voulu la république, tout ce qui l'a soufferte, ils l'ont mis hors de la loi !

En effet, parcourez le texte des procès-verbaux de leurs séances, y a-t-il un mot qui ne soit un motif d'allarme pour les republicains ? Y a-t-il un mot qui ne soit un encouragement pour les royalistes ?

De toutes les lois ou de tous les projets de lois proposés ou inspirés par les conjurés, les uns attaquent directement la constitution, les autres en détruisent l'esprit et la force. Je ne répéterai point ce qui est généralement connu. La conduite de la commission des finances, le rappel des émigrés du Bas-Rhin, le rappel des émigrés de Toulon, le rappel des émigrés des départemens de l'ouest, sont autant de violations aussi manifestes que coupables de l'acte constitutionnel. Le rappel des prêtres déportés est un de ces actes révolutionnaires qui n'est ni dans l'esprit de la constitution, ni dans les pouvoirs du corps législatif.

La discussion sur la liberté des cultes, liberté établie avant l'arrivée du nouveau tiers, liberté qui n'était attaquée par personne ; cette discussion a-t-elle eu d'autre but que d'opérer dans la république un grand mouvement contre la république et ses institutions ? a-t-elle eu d'autre effet ? O honte de l'espèce humaine ! Que l'on parcoure ces discours hypocrites et séditieux tout-à-la-fois, dignes tout au plus du 15 . siècle , où l'on ose avancer *qu'il faut bien accorder ce que l'on arrachera ;* ces discours qui ont transformé le conseil des cinq cents en un concile de cagots, et l'ont ainsi livré à la risée de l'Europe; que l'on parcoure ces discours où l'on a peint *la vengeance* et *l'assassinat* comme *quelque chose d'assez naturel* , et qui ont transformé le conseil des cinq-cents en un antre de cannibales; que l'on recueille ces cris de fureurs lancés contre les hommes qui ont eu le courage de parler de la conservation de la république , du maintien de l'ordre , de l'exécution des lois et de la sûreté des personnes Que l'on parcoure chaque jour ces écrits qui appellent la contre-révolution et la mort des républicains ; que l'on voie qui ils approuvent , qui ils vantent , par qui , à leur tour , ils sont protégés , propagés, et l'on verra si la royauté , si l'infâme royauté a ses organes dans le corps législatif, si des traîtres y siègent !

Les républicains se plaignent avec amertume , ils sont proscrits comme des jacobins et des anarchistes.

On fait faire aux troupes un mouvement ; les conjurés (le crime tremble quelquefois) sentent qu'il leur faut une force armée ; ils aigrissent les citoyens contre les soldats, et ils créent une force dont le but ne peut être mis en doute.

De braves grenadiers ont défendu les républicains au 13 vendémiaire ; des grenadiers et des chasseurs bourgeois ont défendu le trône au 10 août. On prend des mesures pour chasser les premiers et pour retrouver les seconds. C'est l'exécution du plan des agens royaux.

La gendarmerie peut encore offrir une garantie contre l'assassinat des républicains. On la dissout et l'on combine sa nouvelle formation de manière qu'aucun officier de la révolution ne puisse y entrer. C'est le plan des agens royaux.

Le bruit des crimes des conjurés arrive jusqu'aux armées,

leur indignation éclate bientôt. On a l'audace de les déclarer coupables; mais on propose le pardon, pour cette fois. Braves armées, humiliez-vous, on vous pardonne : mais si vous y revenez, vous serez *vinglesimez*. Vos généreux bataillons seront dissous.

Braves soldats, vous comptiez sur les couronnes de la victoire ; venez dans vos foyers, ils vous y ont préparé le mépris l'insulte et la mort. Interrogez vos camarades, que d'honorables blessures ont rappelé dans leurs familles.

Républicains, on propose de créer un Fouquier-Tinville royal pour vous poursuivre, et un tribunal révolutionnaire pour vous juger.

C'est après des rapports perfides que l'on fait d'aussi infâmes propositions ; c'est après des rapports où l'on dit qu'il faut être unis, tout en distribuant les poisons du blâme et de la calomnie ; et pendant que ces orateurs torpies parlent, les agens du prétendu roi sont lancés sur la surface de la république ; ils portent des ordres pour les nouvelles élections qu'ils voudraient anticiper ; deja dans nombre de départemens les choix sont indiqués. Je n'en citerai qu'un exemple : dans le département d'Ile et Vilaine, chef-lieu Rennes, les députés au corps législatif désignés sont :

Pour la noblesse.

MM. le marquis Hay Desuétumicres, de Cognac, ou le marquis de la Prévalais, le même dans la maison duquel s'est faite cette brillante pacification des chouans.

Pour le clergé.

M. l'abbé de Corsain.

Pour le tiers-état, ou les vilains.

Le sieur Dubreil, ancien avocat, agent connu de Puisaye. Un de ces hommes qui ont commencé par se ranger du côté

de l'opinion royaliste , prétend, dit – on, proposer une réconciliation. Une réconciliation ! Ce mot touche 'le cœur
de l'homme de bien; il le saisit, les yeux mouillés de larmes
l'attendrissement; mais qu'il s'enfuit loin à la moindre réfle-
xion. Quand les meilleurs citoyens sont réduits au silence,
proscrits, ét que le crime dirige et commande, il n'y a qu'un
moyen de réconciliation , c'est que les premiers recouvrent la
confiance qu'ils méritent, et que parmi les autres, les dupes
se taisent, se corrigent, et que les scélerats fassent amende
honorable:

Qu'ils sont coupables, qu'ils sont horribles les hommes qui
ont préparé , appelé les nouveaux malheurs que j'aperçois.

Braves guerriers , républicains, acquéreurs de domaines
nationaux, fonctionnaires fidèles, bons citoyens, au nom
des fonctions qui m'ont été confiées, au nom des devoirs
que m'a imposé la nation, je vous le déclare, vous êtes
trahis.

BAILLEUL, *membre du conseil des 500.*

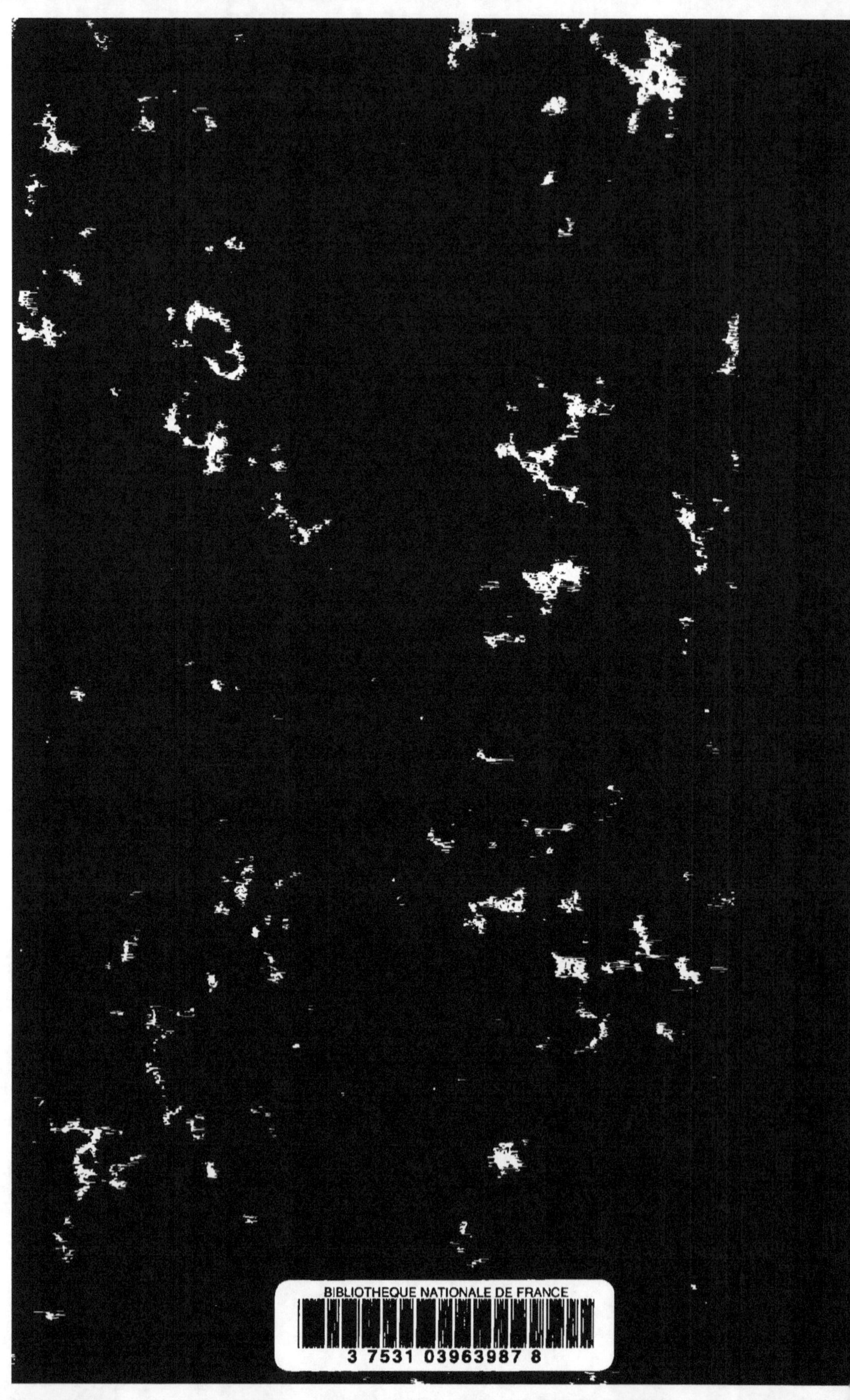

www.ingramcontent.com/pod-product-compliance
Lightning Source LLC
Chambersburg PA
CBHW061331050726
47595CB00005B/1876